La eternidad del instante

The Eternity of the Instant

VÍSPERA DEL SUEÑO

Colección de Poesía

Poetry Collection

DREAM EVE

Nikelma Nina

LA ETERNIDAD DEL INSTANTE

THE ETERNITY OF THE INSTANT

Traducido por/Translated by
Miguel Falquez-Certain

Nueva York Poetry Press®

Nueva York Poetry Press LLC
128 Madison Avenue, Oficina 2RN
New York, NY 10016, USA
Teléfono: +1(929)354-7778
nuevayork.poetrypress@gmail.com
www.nuevayorkpoetrypress.com

La eternidad del instante/The Eternity of the Instant
© 2021 Nikelma Nina

ISBN-13: 978-1-950474-07-3

© Colección Víspera del Sueño vol. 04
(Homenaje a Aída Cartagena Portalatín)

© Dirección:
Marisa Russo

© Edición:
Francisco Trejo

© Traducción:
Miguel Falquez-Certain

© Prólogo y contraportada:
Ramón Saba

© Diseño de portada:
William Velásquez Vásquez

© Diseño de interiores:
Moctezuma Rodríguez

Nina, Nikelma
La eternidad del instante/The Eternity of the Instant / Nikelma Nina. 1ª ed. New York: Nueva York Poetry Press, 2021, 154 pp. 5.25" x 8".

1. Poesía dominicana. 2. Poesía latinoamericana.

Para mi esposo, porque la coincidencia de mi vida, la que tanto esperé, la he encontrado en tus ojos cuando me miran; ahí quiero verla —y verme— siempre

For my husband, the serendipity of my life, for which I've waited so long, I have found in your eyes when they look at me; there I want to see it (and see myself) forever

NIKELMA NINA VIAJA A LA ETERNIDAD EN UN INSTANTE

Acomodar al tiempo nunca ha sido una tarea fácil para ningún mortal, sin embargo, el poeta puede jugar con este a su antojo, logrando explorar terrenos insondables que ningún reloj puede medir. El mismo Benjamín Franklin no tartamudeó para expresarlo de forma contundente: "Si no quieres perderte en el olvido tan pronto como estés muerto y corrompido, escribe cosas dignas de leerse, o haz cosas dignas de escribirse."

El título de esta primera entrega de la poeta Nikelma Nina *La eternidad del instante* me recuerda a Jorge Luis Borges cuando decía "Antes las distancias eran mayores porque el espacio se mide por el tiempo", y se puede comprobar esta similitud cuando la autora nos grita que:

> *Estoy al acecho del Tiempo*
> *que propone sacar espinas*

Basta con posar los párpados en los versos de Nikelma Nina para viajar con ella por los acantilados del sueño, violando el espacio que recoge auroras y procurando abrevar en el hábitat de la poiesis bendita, donde las termitas de los mezquinos no tienen poder de destrucción porque su poesía es limpia, nueva, poderosa; cargada de hermosas imágenes y figuras retóricas que hacen de su lectura un verdadero placer estético.

NIKELMA NINA TRAVELS TO ETERNITY IN AN INSTANT

Accommodating time has never been an easy task for any mortal; however, the poet can play with it at will, managing to explore unfathomable terrain that no clock can measure. Benjamin Franklin himself did not stutter to put it bluntly: "If you want to avoid being lost in oblivion as soon as you are dead and spoiled, write things worth reading, or do things worth writing."

The title of this first collection of poems by the poet Nikelma Nina, *The eternity of the instant*, reminds me of Jorge Luis Borges when he said, "Before, distances were greater because space is measured by time", and this similarity can be verified when the author holler at us that:

> *I'm lying in wait for Time*
> *Which offers to remove the thorns*

All you have to do is lay your eyelids on Nikelma Nina's verses to travel with her through the cliffs of dreams, violating the space that gathers auroras and trying to drink in the habitat of the blessed poiesis, where the termites of the petty ones have no destructive power because her poetry is clean, new, powerful; loaded with beautiful images and rhetorical figures that makes reading them a real aesthetic pleasure.

La similitud de esta obra con un instante es tan notable, que decir que la *"muerte repentina cascándose en una inútil y despojada semilla de cuarzo"* no es más que el amanecer de un canto que logra posicionar sus pasos en la historia para hacerse eterno.

Cabe destacar que en cada uno de estos poemas surge la posibilidad de ausentarse del espectro en que *"levito por lo húmedo sesgando esta distancia para ofrendarme a tu templo"* y que en cada sorbo de lectura nos permite extasiarnos porque *"despojaste la rabia conjugada en primer tiempo"*.

En *La eternidad del instante* de Nikelma Nina se conjugan con precisión de reloj suizo, la voz de una mujer que pare poesía desde el mismo momento en que respira con el sentimiento de un alma que bate sus alas al ritmo del amor puro. La cadencia de sus textos no son producto de una fabricación efímera, sino que fluyen en el batir de sus latidos sinceros. Cada una de las gotas de tinta que vierte sobre el papel se convierte en lienzo que retrata a un corazón perturbado y sorprendido:

> *Náufraga de gravedad*
> *su oleaje me nombra*
> *—bautiza aullidos—*
> *en la espiral del tiempo*
> *Y el ocaso*
> *cae por mi mejilla*
> *con rabia otoñal.*

The similarity of this work to an instant is so remarkable that to say that *"Sudden death shattering up into a useless and stripped seed of quartz"* it is nothing more than the dawn of a song that manages to position its steps in history to become eternal.

It should be noted that in each of these poems arises the possibility of being absent from the spectrum in which *"I levitate through the dampness slanting this distance to offer myself to your temple"* and that every sip of reading allows us to be ecstatic because *"(…) You took away the rage conjugated in present time"*

In *The Eternity of the instant* by Nikelma Nina, we can find conjugated with Swiss watch precision, the voice of a woman who seems to birth poetry from the moment she breathes with the feeling of a soul that flaps its wings to the rhythm of pure love. The cadence of her texts is not the product of an ephemeral fabrication, but flow in the beat of their sincere beats. Each one of the drops of ink that she pours on the paper becomes a canvas that portrays a disturbed and surprised heart:

> *Sinking out of gravity*
> *Its waves call my name*
> *(Baptizes the howls)*
> *In the spiral of time*
> *And twilight*
> *Rolls down my cheek*
> *With autumnal rage*

Horas de sueño y robo a la intimidad del descanso son las herramientas que gozan de principalía en el acontecer del poeta que anhela conquistar un espacio de respeto entre los lectores o un aplauso entre los críticos, y Nikelma Nina no solo posee estas armas, sino que las somete a su franca discreción para hacerlas esclavas de su cometido, arrancándoles con firmeza poemas que lucen trascendentes desde el parto inicial:

Quiero abrazarte en un reloj sin saetas
y que mi invierno invente un rincón en tu cuello

Besarnos en un dialecto —aún— por descubrir
mientras tus dedos recogen signos, símbolos y jeroglíficos
en mi piedra de Rosetta

Y cuando el mundo esté durmiendo
que tus manos me toquen con el idioma de los dioses
esculpiendo el Olimpo o el Nirvana
sobre todo mi cuerpo.

Dudas no tengo de que Nikelma Nina, con esta obra, inicia un recorrido que ni ella misma podría detener, porque sus pregones alcanzan ya una dimensión tan elevada que solo los consagrados atrapan: la de perpetuarse en el tiempo sin importar cuántos instantes se necesiten para lograrlo.

RAMÓN SABA

Hours of sleep and theft from the intimacy of rest are the main tools in the life of the poet who yearns to conquer a space of respect among readers or an applause among critics, And Nikelma Nina not only possesses these weapons, but she subjects them to her open discretion to make them slaves to her task, firmly ripping out poems that look transcendent from the initial birth:

> *I'd like to hug you in a handless clock*
> *And let my winter invent a corner in your neck*

> *To kiss each other in a yet-to-be-discovered dialect*
> *While your fingers gather signs, symbols, and hieroglyphics*
> *In my Rosetta Stone*

> *And when the world is sleeping*
> *To let your hands touch me with the language of gods*
> *Carving Mount Olympus or Nirvana*
> *All over my body*

I have no doubts that Nikelma Nina, with this work, begins a journey that even she could not stop because her preaching already reaches such a high dimension that only consecrated people seize, and that is to perpetuate herself in time, no matter how many moments it takes to achieve it.

RAMÓN SABA

El tiempo presente y el tiempo pasado
Están ambos quizás presentes en el tiempo futuro,
Y el tiempo futuro contenido en el tiempo pasado.
Si todo el tiempo está eternamente presente
Todo el tiempo es irredimible

T. S. ELIOT

Time present and time past
Are both perhaps present in time future,
And time future contained in time past.
If all time is eternally present
All time is unredeemable
T. S. ELIOT

Reloj de arena

Hourglass

Nuestros huesos
sempiternos
en incesante
racconto
.
.
.

poblados de
tornados
y
granos de arena
se derraman
sobre
sí

Our everlasting
Bones
In never-ending
Racconto

.

.

.

Inhabited by
Tornadoes
And
Grains of sand
Spill over
One
Another

ESTRIPTÍS

Cierro los ojos
y camino deshabitando
los senderos de un abrazo
en la madrugada

No me perturba
ser y estar en los cristales
de una botella que se vacía cada noche

El espejo cielorraso
      cae sobre mis palabras
          quebrándolas

Abandono la habitación tiránica
de la piel que me limita

Y con lo oscuro
a la intemperie

Soy la luz
que ahora baila
desnuda

STRIPTEASE

I close my eyes
And walk, backtracking
The paths of an embrace
At daybreak

It doesn't upset me
To be or being in the crystals
Of a bottle that empties out every night

The mirror in the ceiling
                    Falls on my words
                              Breaking them

I leave behind the oppressing dwelling
Of my skin, confining me

Into darkness
Into wind and weather

I am the light
That now dances
Naked

LA CINTURA DEL TIEMPO

El segundo se estanca
y la noche es la repetición de un eco

Nada se apaga

Ni siquiera el viento
roza la ventana

El cansancio está varado
en la cintura del reloj de arena

Amanece

¿Es un día más o un día menos?

TIME'S WAIST

The second comes to a standstill
And the night is the repetition of an echo

Nothing becomes extinguished

Not even the wind
Grazes the window

Fatigue has stalled
In the waist of the sand clock

The sun is rising

Is it one more day or one less day?

REDESCONOCIDOS

El tiempo revela
como una vieja Polaroid
la retórica imagen

Liados en dulces falacias
hermosos semblantes —como felices—
apaciguan derrotas

perdiéndose

Encontrándonos

Perdiéndonos

Pero afuera de la fotografía
seguimos —solitarios
marchitos— por *senderos que se bifurcan*

STRANGERS AGAIN

Time reveals
Like an old Polaroid
The rhetorical image

Involved in sweet deceptions
Beautiful faces (as if blissful)
They lessen the pain our defeats

Losing itself

Finding each other

Losing each other

But outside of the picture
We keep on going (lonesome
Withered) *through forking paths*

LA ETERNIDAD DEL INSTANTE

A mi abuela Blanca A. Rodríguez EPD

Se marchó una noche polar
con el frío a destiempo

El sol no saltó a la despedida

al espanto de las mariposas
inertes
ahogadas en la bilis

La estaca
atravesó el pecho del aire

Y se abrió el precipicio

—Muerte repentina
cascándose en una inútil
y despojada semilla de cuarzo—

Y en el filo
ella   —diminuta
escarcha
inhabitada— abra(s)za
la eternidad del instante

THE ETERNITY OF THE INSTANT

To my grandmother, Blanca A. Rodríguez, In Memoriam

She left one glacial night
With an unseasonable cold

The sun didn't rush to say goodbye

To the horror of the idle
Butterflies
Drowning in bile

The stake
Went through the bosom of the air

And the abyss opened up

(Sudden death
Shattering up into a useless
And stripped seed of quartz)

And on the edge
Her (tiny
Deserted
Frost) hugging/scorching
The eternity of the moment

RALENTÍ

Una mañana de sol transido
el tiempo repasaba mi vida en ralentí

El aroma y la niebla, escarchas
se congelan en los bordes de la taza del café

El cigarro tose
y se pinta de gris

Pero ya en tu **A**usencia resonaba
antes que gotearan **D**e tu boca
como un zumb**I**do que no logr**Ó** descifrar
las palabras (del adió**S**)

Miro cómo se suicidan por el balcón
uno a uno, los granos de arena de nuestro tiempo

Finalmente, conozco el color de tu espalda
más que el de tus ojos

SLOW MOTION

A sunny morning,
Time reviewed my life in slow motion

The aroma and the fog freeze
On the edges of my coffee cup

The cigar is coughing
Painting itself gray

But already in your absence it resonated
Before the drops fell from your mouth
Like a buzz I can no longer identify
The (farewell) words

I watch how they jump off the balcony
Killing themselves, one by one, the sand grains of our time

At long last I come to know the color of your back
Better than the color of your eyes

Reloj de péndulo

Pendulum Clock

Como el péndulo que colgado a una utopía

detuvo su vaivén en la espera del inicio

Like a pendulum that suspended on a pipe-dream
Stopped its swing awaiting the beginning

FÁBULA DEL COLIBRÍ

Alas
sobrenadando el aire
en el entorno de una duda

El desorientado colibrí
—cae en péndulo doble—
intoxicado por la flor de venus

Alas
sobrecargando gotas de dolor
que nunca llegarán a tierra

TALE OF THE HUMMINGBIRD

Wings
Floating in the air
In the midst of a doubt

The bewildered hummingbird
(It falls on a double descent)
Poisoned by Venus's flower

Wings
Overloaded with drops of pain
That will never land

FOTOTAXIS

La luz de una vela
se aloja en el fondo de tu boca

Me atrae y desorienta
el movimiento de tu llama
como si fuese la batuta
—y yo la orquesta—

Envuelta en tu destello

hasta la muerte
parece ser hermosa

PHOTOTAXIS

The light of a candle
Lodges in the back of your mouth

It beckons me and misdirects
The motion of your flame
As if it were the baton
(And I the orchestra)

Swathed by your sparkle

Even death
Seems beautiful

FOTOFOBIA

Atraída por tu luz al final de la calle
—ausente de astros—
temo que mi muerte resucite

Y otra vez condenada a sucumbir
—paradoja fatal de fotofobia—
en tu fulgurante sangre
que *(me)* quema
sepulta
y luego se evapora

PHOTOPHOBIA

Drawn by your light at the end of the street
(Starless)
I fear that my death may come back to life

And once again be forced to surrender
(Fatal paradox of photophobia)
To your luminous blood
That is burning (*me*)
It goes under
And then disappears

Y

Levito por lo húmedo
sesgando esta distancia
para ofrendarme a tu templo

Y

I levitate through the dampness
Slanting this distance
To offer myself to your temple

CABEZA ROTA

Feroz tiempo —el mismo
en la certeza como en la falsedad—
Verdugo de los engaños

Como una cabeza rota
la confianza abatida
y de vendas
—quién la viera en este cementerio
de muertos en vida y vivos muriendo—

finalmente
desvistiéndose
para cumplir su luto

BROKEN HEAD

Ferocious time (the same
In certainty as in deception)
Executioner of deceits

Like a broken head
Defeated, alienated
Confidence
(Who would've thought seeing her in this graveyard
Of the living dead and of the dying)

At long last
Taking off her clothes
To fulfill her mourning

Reloj espiral

Spiral Clock

Para escapar de la *mise en abyme*
arrancó del espejo la mirada
y lloró pedazos de infinito

To escape from the *mise en abyme*
She ripped her eyes from the mirror
And wept pieces of infinity

GOTA NEGRA

En la comisura de mi ojo huérfano de ti
se forma un pensamiento

Roca líquida

conectada a la fragua
de mi piel rompeolas

Casi inerte da sus primeros pasos
rasgando mis ojeras

Náufraga de gravedad
su oleaje me nombra
—bautiza aullidos—
en la espiral del tiempo

Y el ocaso
        cae por mi mejilla
                con rabia otoñal

BLACK DROP

On the corner of my eye without you
A thought takes shape

Liquid rock

Linked to the forge
Of my sea-bank skin

Almost dead, it takes its first steps
Tearing the dark circles under my eyes

Sinking out of gravity
Its waves call my name
(Baptizes the howls)
In the spiral of time

And twilight
        Rolls down my cheek
                With autumnal rage

AUSENCIAS

Busco en la neblina de esta noche
cuál de tus ausencias me acompañará

En la garganta de nuestra historia
y en algún lugar del universo
eres incompleto
Careces de tu partida
que está conmigo

En este último cuarto de luna
mi cuerpo, ese declive en la cama
que lleva tu nombre, y yo
estamos errantes, sin ti

En las fronteras de mi memoria
hay un tiempo
—sin tiempo
sin luz
y sin olvido—

que te espera

ABSENCES

I seek in tonight's mist
Which of your absences will keep me company

In the throat of our story
And somewhere in the universe
You're incomplete
You're lacking your leave-taking
Which remains with me

In this last fourth phase of the moon
My body, that slope in the bed
Named after you, and I are
Wandering around, without you

In the frontiers of my memory
There's a time
(Timeless
Without light
And without forgetfulness)

That awaits you

PUEBLO FANTASMA

Quitaste
la montaña que llevaba
incrustada en la garganta

Despojaste
la rabia conjugada en primer tiempo
la duda, abrigo extravagante de la pena.

Robaste
la desolación —constante—
que hacía callos en mis manos

Arrebataste
el luto de la piel, la frialdad
Y de los huesos, la sequía del deseo

Habitaste
los domingos mortinatos
que inundaban este pueblo fantasma

GHOST TOWN

You removed
The mountain I had
Embedded in my throat

You took away
The rage conjugated in present time
The doubt, eccentric shelter of pain.

You robbed
The (constant) desolation
That roughened my hands

You snatched
The skin's bereavement, its coldness
And the drought of lust from the bones

You inhabited
The still-born Sundays
That flooded this ghost town

AFTER PARTY

Te vas sin descuentos
a juego limpio
y sin quebrar *(te)*
—ni los huesos
ni los platos—

Te vas porque
—ni ésta, ni la otra
son iguales
a pesar de ser la misma—

Te vas porque no te conformas
Toda esencia
La pregunta ya no importa
se evaporaron las respuestas

Te vas vestida de gala
y con la cadencia de los versos en tu paso

Te vas
porque ya te quedaste
y no quedó nadie
ni nada

After Party

You leave without abatement
Plain and fair
And without breaking *(down yourself)*
Your bones
Or the dishes

You leave because
Neither this one, nor the other
Are the same
In spite of being indistinguishable

You leave because you aren't satisfied
All essence
The question no longer matters
The answers disappeared

You leave all dressed up
And with the rhythm of verses in your step

You leave
Because you already stayed
And nothing or no one
Was left behind

LINGÜÍSTICA DEL DESEO

Quiero abrazarte en un reloj sin saetas
y que mi invierno invente un rincón en tu cuello

Besarnos en un dialecto —aún— por descubrir
mientras tus dedos recogen signos, símbolos y jeroglíficos
en mi piedra de Rosetta

Y cuando el mundo esté durmiendo
que tus manos me toquen con el idioma de los dioses
esculpiendo el Olimpo o el Nirvana
sobre todo mi cuerpo

LINGUISTICS OF DESIRE

I'd like to hug you in a handless clock
And let my winter invent a corner in your neck

To kiss each other in a yet-to-be-discovered dialect
While your fingers gather signs, symbols
        and hieroglyphics
In my Rosetta Stone

And when the world is sleeping
To let your hands touch me with the language of gods
Carving Mount Olympus or Nirvana
All over my body

Reloj despertador

Alarm Clock

El silencio se durmió sobre el reloj despertador

distando los albores

Silence fell asleep on the alarm clock

Distancing the dawn

VENDAVAL DE TEMPORADA

¿Qué viento es viento
si no despierta tu cabello
desojando cascadas
de cristales al pasar?

¿Qué día es día
si no desarmas —la amenaza del naufragio— con
el estruendoso estallar de todas tus perlas?

¿Qué fuerza es fuerza
si no rompes con un grito
—que derrote con malicia— el eco de todas
las terceras vencidas?

¿Qué vida es vida
—sino un gemir regresivo de la muerte—?
de no encarar con demente fe
lo que crece hacia adentro
un día sin rumbo —como un muelle solitario—
acumulando las caídas
de las horas amarillentas
por no soltar el espejismo ufano
al que te aferras en vano
con el viento sin brisa
                           y los brazos menguados?

SEASONAL GALE

What kind of wind is this wind
If it doesn't stir your hair
Stripping cascades
Of crystals in its wake?

What kind of day is this day
If you don't defuse (the threat of foundering)
With the thundering blast of all your pearls?

What kind of power is this power
If you don't shatter with a cry
(That may wickedly defeat) the echo of all
Three strikes?

What kind of life is this life
(But a primal wail of death)
Of not confronting with insane faith
What grows inwards
An aimless day (like a deserted pier)
Piling up the falls
Of yellowish hours
Instead of letting go of the arrogant illusion
You're clinging to in vain
With the breezeless wind
                    And your frail arms?

DE RAÍCES NUBES

Desplumo el ave fénix
mientras te espero

Desnudas flotan varias muertes

¿Cómo fiarme de tus manos
de velero?
que no me ofrecen ni mares
ni anclas; ni tierra a la vista
ni cielo

Mas apareces nuevamente
con tu sonrisa a medio cuento
campante

Tu sarcasmo se sacude y se acomoda en la butaca

Desplomada en tu retorno
me desarmas del librero
Me enredo en ti
—árbol de roble pero de raíces nubes—
hasta tu próxima ausencia

Ahora que no estás intentaré salvarme
y no volver jamás
—pero no, no; por favor no tardes—

ROOTS LIKE CLOUDS

I pluck the phoenix's feathers
While I wait for you

Several deaths are floating naked

How can I trust your sailor's
Hands?
They don't offer me seas
Or anchors; or a land in sight
Or a sky

But you appear before me again
With your knavish smile
Nonchalant

Your sarcasm dusts itself off and sits down in the
        armchair

Collapsed at your return
You take me away from my books
I get tangled up in you
(Oak tree but with roots like clouds)
Until your next disappearance

Now that you aren't here, I'll try to escape
And never come back
(But no, no; please don't take long)

SINFONÍA DE MEDIANOCHE

Mi reloj está despierto
y los segundos caminan en puntillas

Es el aroma de un pensamiento
el que me sacude

Como ayer en la mañana de hoy
despierto al parpadeo de un sueño

En suave y lejana sinfonía
se ensaña conmigo
—como aguja que se traba
en un vinilo rayado—
repitiéndose
aquella antigua novedad

MIDNIGHT SYMPHONY

My clock is awake
And the seconds tiptoe by

It is the aroma of a thought
That shakes me

This morning like yesterday
I wake up with the blinking of a dream

In a soft and distant symphony
It shows me no mercy
(Like a needle stuck
On a broken vinyl)
Repeating once and again
That old news

ADIVINANZA

Fuiste:

Tan profundo como el charco que forma
la lluvia en el desierto de Atacama

Tan grande como el barrio galáctico que crece
dentro del átomo de una hortensia

Tan fuerte como las burbujas que soplan
los niños en un campo de guerra

Fuiste tan *dios*
como decir fugaz

RIDDLE

You were:

As deep as the pool left
By the rain on the Atacama Desert

As big as the galactic district that grows
Within the atom of a hydrangea

As strong as the bubbles children
Blow in a battlefield

You were such a *god*
Like saying fleeting

MITAD DORMIDA

Privada del llanto
apresuró el viaje
se paró de la cama
sin despertar la vida

STILL SLEEP

Bereft of tears
She hastened the journey
Rose from her bed
Without awakening life

Reloj de bolsillo

Pocket Watch

Y se volvió tan pequeño el olvido que guardo en el bolsillito de mi pecho
evocando espejismos

And it became so little the oblivion that I keep in the tiny void of my chest
While evoking phantasms

DOS TAZAS DE TÉ

El conejo de la Reina de Corazones
me invitó a tomar(*té*)

En su guarida el tiempo se detiene

Los minutos se enloquecen
y el silencio mira su reloj de bolsillo

Grito
mi voz se queda pegada en las paredes
y el sol se escapa por el túnel

Entendí la luz menguante
como mi pena
invitándome a sentirla

No era su guarida, sino el oratorio
de mi locura

En la mesa de Pandora están dos tazas
Esperando(*té*) a que el cuento acabe

TWO CUPS OF TEA

The rabbit of the Queen of Hearts
Invited me for tea

In her den, time stands still

The minutes go insane
And silence checks its pocket watch

I yell
My voice gets stuck on the walls
And the sun runs away through a tunnel

I understood the declining light
Like my sorrow
Inviting me to feel it

It wasn't her den, but the prayer room
Of my madness

There are two cups on Pandora's table
Waiting for tea and for the story to end

SINFONÍA EN MI MENOR

Me traiciona la música
y los trenes se desbarrancan de la melodía

tu piel es partitura de una canción que no escribí

Las cigarras se amplifican
en la caja del pensamiento

Desamparada en esta sinfonía
soy un murmullo que se riega entre las sábanas

SYMPHONY IN E MINOR

Music betrays me
And the trains run off the road of melody

Your skin is the score of a song I didn't write

The cicadas grow louder
Inside the thinking box

Forsaken in this symphony
I am a whisper spreading between the sheets

CAMBIO DE PIEL

Febrero llegó a mi ventana
anidado en la casualidad
—esperada—

Trajo un ramo de palabras
devolviendo sus orugas a la risa

Conjurando mi nombre
—con las letras de su origen—
supe y sentí la certeza
de que yo soy el temblor de la tierra

Y que —aunque inmóviles en las crisálidas—
las mariposas
aún no están muertas

A CHANGE OF SKIN

February arrived at my window
Nested in (the expected)
Chance

It brought a bundle of words
Returning its caterpillars to laughter

Conjuring up my name
(With the letters of its origin)
I was aware and felt with certainty
That I am the earthquake

And that (albeit motionless in the chrysalises)
The butterflies
Are not yet dead

HILO DE VENA

En este limbo nada tiene sentido
liada en el suplicio de esta espera
Espera que llaga
Llaga que no cierra

Me coso con el hilo de mis venas

La herida, aunque sane
ya una vez que ha sido abierta
nunca perderá su nombre

Y aunque a uno se le olvide,
siempre seguirá siendo herida

THREAD OF VEINS

In this limbo nothing makes sense
Living with the torture of this wait
Wait that is eating me away
It is a sore that doesn't heal

I stitch myself with the thread of my veins

The wound, even if it heals,
Once it has been opened,
Will never lose its name

And even if you forget it,
It will always continue to be a wound

SONATA NÚMERO 2 OPUS 35

Mi mano elevada en lo más alto
—entre la luna morada y el cielo—
está empuñando tu nombre

Mis uñas se han hendido en esta carne
—mientras toda aferrada y demorada—
intento retenerte cuerpo adentro

En el horizonte aparece tu nombre quemándose
—como metal oxidado en mi puño—
hasta escurrirse mercurio entre mis dedos

La oscuridad se escucha en pianoforte
como la estampida de una marcha fúnebre

Y la noche
—como tu nombre—
se desvanece galopando sobre el alba

SONATA NUMBER 2 OPUS 35

My hand raised as high as it can be
(Between the purple moon and the sky)
It is upholding your name

I dug my nails into this flesh
(While holding onto it and lingering)
I try to keep you inside me

Your name emerges in the horizon, burning
Itself (like rusted metal in my fist)
Until quicksilver seeps through my fingers

Darkness is heard with a piano in the background
Like the flight of a funeral march

And the night
(Like your name)
Fades away galloping over the dawn

Reloj de sol

Sundial

Mares de plata se escurren por las orillas del cristal helado

mientras que aquí

el girasol cabizbajo

Seas of silver flow along the shores of the frozen glass

While here

The sunflower crestfallen

BALADA DE LA CEGUERA

Las paredes gritan tu destierro
Este libro y yo abandonamos la habitación

Nuestro calendario marcó daño tras daño
las mismas estocadas

No puedo sostenerme
en la ausencia de mis huesos
que se han ido a sostener tu cuerpo

Deambulo alrededor de mi vacío
y me duelo por los huecos

A ciegas busco

te busco

me busco

THE BALLAD OF BLINDNESS

The walls cry out your exile
This book and I left the room

Our calendar registered injury after injury
The same old strokes

I'm losing my balance
Having no bones
They left me to hold your body

I wander around my emptiness
And I feel sorry for the hollows

I'm looking in the dark

Looking for you

Looking for myself

ERROR ORTOGRÁFICO

De ti, el resguardo
vacío

Inmenso
pero vacío

Mientras tu nombre
sigue subrayado en rojo
en la enciclopedia de los días

SPELLING MISTAKE

From you, the empty
Vast

Refuge
Even though vacant

While your name
Is still underscored in red
In the encyclopedia of days

NOCTURNO DEL TIEMPO

Estoy al acecho del Tiempo
que propone sacar espinas

¿Dónde estás Tiempo que no llegas?

—tiempo al Tiempo, dicen los sabios—

¿Habrá quedado varado
en un domingo cualquiera?

Despiadado
Absurdo
Necesario

Tiempo que (*des*)espero
en paciencia tiranizada
mudándose a impetuosa. Irrespetuosa

¡No tiempo al Tiempo!
No más de ti

No hay más de ti
en esta visceral espera

NOCTURNE OF TIME

I'm lying in wait for Time
Which offers to remove the thorns

Where are you, Time? Why don't you arrive?

(Give it time, wise men say)

Perhaps it got stuck
On any given Sunday?

Ruthless
Absurd
Necessary

Time in which I hopefully (hopelessly) wait
And end up losing my patience
Which turns into despair. Disrespectful

Let's not give time to Time!
No more of you

There's no more of you
In this nerve-racking wait

CANÓNICA

En un panal de horas negras
los Maitines imploran
—monásticamente—
un silente hosanna arameo:
                    "sálvame ahora te ruego"

Otra vez en Prima recoge
los ecos de un gastado "buenos días"
que tiró Completas al rumor del viento
en Vísperas de las gotas de noche
                    de la lluvia anterior

Tercia y ajena al oficio divino
se muerde la piel hasta el desnudo
roza la Sexta en su entrecejo
y un ojo florece sigilosamente para ver
mas no despertar los sueños
                    de los sueños

A la nona y en tregua se bautiza
del pecado —ya ni tan original—
y liberadas las horas se posan
entre las palmas de la lengua
para comulgar ratos profundos
                    atestados de nada

LITURGY OF THE HOURS

In a honeycomb of black hours
The morning prayers implore
(Monastically)
A silent Aramaic hosanna:

                        "Save me now, I implore
you"

Once again at *Prime* it gathers
The echoes of a trite "good morning"
That threw *Compline* to the wind's rumblings
On the Vespers of the evening drops

                        Of the previous rain

Terce and oblivious of the divine office,
She bites her skin off until naked,
Brushes the *Sext* in between her eyebrows
And an eye blooms on the sly to watch
But not to awaken the dreams

                        Of dreams

At *None* and during a truce, she gets
Baptized, washing her sin away (no longer so original)
And the unengaged hours land
On the palms of her tongue
To commune intense moments

                        Full of nothing

Llueve de nuevo noches sobre los Laudes
esperando el exilio de un poema
que traiga consigo la palabra —que aún—
en sacramental penitencia
se pega latigazos en la espalda

Nights rain once again over the *Lauds*
Waiting for the exile of a poem
That may bring the word within itself
That even in sacramental penance
                    Flagellates itself on the back

HASTA LOS HUESOS

Sin techo dejo mis huesos
hasta donde te cielo
más allá de la muerte

TO THE BONE

Homeless I leave my bones
Devoted to you
Far beyond death

ACERCA DE LA AUTORA

Nikelma Nina nació el 22 de julio de 1977 en Santo Domingo, República Dominicana. Es poeta y administradora de empresas. Completó sus estudios secundarios y universitarios en Estados Unidos de América. Cuenta con un diplomado de Artes Liberales y otro de Historia del Arte; formó parte del primer taller de creación literaria en español de City University of N.Y. (CUNY) y actualmente está cursando una licenciatura en Literatura y Creación Literaria en la universidad Centro de Cultura Casa Lamm en México. Desde el 2004 se desempeña como administradora general de empresas en el área farmacéutica. Es miembro del consejo directivo de la organización literaria LACUHE, del cual fungió como directora de La Feria Internacional del Libro 2021; también forma parte de la directiva de la Academia Norteamericana de Literatura Moderna Internacional (ANLMI), capítulo Nueva York. En su haber literario tiene publicado un poemario titulado *La eternidad del instante*, 2019, 1ª edición, por la editorial Turrialba Literaria de Costa Rica; y otros poemarios aun inéditos. Algunos de sus poemas fueron publicados en la antología Colección Poética LACUHE 2020; otro de sus poemas *"Ausencias"* fue plasmado en una galería de arte a cielo abierto en Cartago, Costa Rica y *"Lingüística del deseo"* fue publicado en el programa Un Poema por Día del Comisionado Dominicano de Cultura en Nueva York.

ABOUT THE AUTHOR

Nikelma Nina was born on July 22, 1977, in Santo Domingo, Dominican Republic. She is a poet and business administrator. She completed her academic studies in the United States of America, She was elected part of the first workshop program of literary creation in Spanish of the City University of N.Y. (CUNY); she also has an associate degree in Liberal Arts, a diploma in Art History; and is currently pursuing a degree in Literature and Literary Creation at Casa Lamm University in Mexico.

Since 2004 she has served as a finance administrator for companies in the pharmaceutical field. She is a member of the board of directors of the literary organization LACUHE, of which she served as the director of The International Book Fair 2021; she is also a member of the board of directors of the Academia Norteamericana de Literatura Moderna Internacional (ANLMI), chapter New York. In her literary work, she has published a poetry book titled *La eternidad del instante,* 2019, 1st edition, by the Turrialba Literaria publishing house of Costa Rica; she also has other poetry books still unpublished. The 2020 poetry collection LACUHE 2020 also include some of her work; another of her poems "Ausencias" was recorded in an open-air art gallery in Cartago, Costa Rica and "Lingüística del deseo" was published in the program *One Poem a Day* by the Dominican Commissioner of Culture in New York.

Nikelma ha participado en eventos, presentaciones y conferencias a nivel nacional e internacional; entre estas, una conferencia en la Biblioteca del Congreso de los Estados Unidos en Washington D.C.; presentación, participación y colaboración en varios festivales de poesía y ferias del libro en países como los Estados Unidos de América, Costa Rica y México. En el 2020 le fue otorgado el premio Poeta Emergente en el estado de Nueva York por el Festival Internacional Grito de Mujer de la organización Mujeres Poetas Internacionales.

Nikelma has participated in national and international events, presentations and conferences, including a conference at the Library of Congress in Washington DC; presentation, participation, and collaboration in various poetry festivals and book fairs in countries such as the United States of America, Costa Rica and Mexico. In 2020, she was awarded the Emerging Poet Award in New York State by the international festival Grito de Mujer of the organization Women Poets International.

ÍNDICE/INDEX

Reloj de bolsillo/*Pocket Watch*

Reloj de sol/*Sundial*

Colección
VISPERA DEL SUEÑO
Poesía de migrantes en EE.UU.
(Homenaje a Aida Cartagena Portalatín)

Colección
CUARTEL
Premios de poesía
(Homenaje a Clemencia Tariffa)

Colección
VIVO FUEGO
Poesía esencial
(Homenaje a Concha Urquiza)

1
Ecuatorial / Equatorial
Vicente Huidobro

2
Los testimonios del ahorcado (Cuerpos siete)
Max Rojas

...

Colección
**PREMIO INTERNACIONAL DE POESÍA
NUEVA YORK POETRY PRESS**

1
Idolatría del huésped / Idolatry of the Guest
César Cabello

2
Postales en braille / Postcards in Braille
Sergio Pérez Torres

3
Isla del Gallo
Juan Ignacio Chávez

4
Sol por un rato
Yanina Audisio

5
Venado tuerto
Ernesto González Barnert

Colección
PIEDRA DE LA LOCURA
Antologías personales
(Homenaje a Alejandra Pizarnik)

...

Colección
CRUZANDO EL AGUA
Poesía traducida al español
(Homenaje a Sylvia Plath)

The Moon in the Cusp of My Hand /
La luna en la cúspide de mi mano
Lola Koundakjian

Sensory Overload / Sobrecarga sensorial
Sasha Reiter

Colección
MUSEO SALVAJE
Poesía latinoamericana
(Homenaje a Olga Orozco)

Para los que piensan, como Joan
Margarit, que "la poesía imparte
conocimiento y consuelo", este libro
se terminó de imprimir en octubre de
2021 en los Estados Unidos de
América.